पत्तों पर पाज़ेब

पत्तों पर पाज़ेब

अवनीश कुमार

वाणी प्रकाशन

वाणी प्रकाशन
4695, 21-ए, दरियागंज, नयी दिल्ली 110 002

शाखा

अशोक राजपथ, पटना 800 204

फ़ोनः +91 11 23273167 फ़ैक्सः +911123275710

www.vaniprakashan.in
vaniprakashan@gmail.com

PATTONPARPAAZEB
by Avnish Kumar

ISBN : 978-93-5229-159-5

Collection of Ghazals

प्रथम संस्करण

मूल्य : ₹100

आर. टेक ऑफ़सेट, दिल्ली-110095 में मुद्रित

वाणी प्रकाशन का लोगो मक़बूल फ़िदा हुसेन की कूची से

श्रीमती सोन श्री, श्री बृजराज सिंह

माँ एवं पिताजी

के लिए।

अवनीश कुमार

इन काग़ज़ों पर

कविता एक कोशिश करती है—जीवन का चित्र बनाने की, यथार्थ और उससे कुछ बेहतर··· रंग वही हैं जो कायनात ने दिये हैं, तमाम कोशिशों के बाद भी तस्वीर मुक़म्मल नहीं होती फिर नयी कोशिश होती है। यह किताब भी ऐसी हो कोशिश है...

कई बार यह हुआ कि संगे-मील के पास खड़े होकर कहा गया कि यही सफ़र का आख़िरी पड़ाव है। इस अहंकार ने इनसान का क़द छोटा कर दिया। काफ़िले कभी नहीं रुकते, मुसाफिर बदल सकते हैं।

हम सब कला-रूपों के 'ग्लैमर' से सम्मोहित थे। लेकिन 'ग्रीन-रूम' में झाँकना दुखदायी था क्योंकि सारे मेकअप उतर चुके थे। किरदारों के चमकते चेहरे अब बीते ज़माने की बात हो गयी थी। एक अदद 'रोलमॉडल' की तलाश करने वाले बहुत मायूस हुए।

...हर कहानी एक चरित्र की तलाश में थी। हर किरदार को अफ़साने की शक्ल देते-देते अफ़सानानिगार पसीने-पसीने हो गया।

मेरे लोग जिनसे मुझे गहरा लगाव है—उनकी अपनी ही विवशताएँ हैं। उनके लिए यथार्थ जीवन के संघर्ष कविता या कला के संघर्ष से अधिक महत्त्वपूर्ण हैं। लेकिन वे ही हैं जो हमेशा से वह ज़मीन बनते रहे हैं जिस पर सारी कलाकृतियों का सौन्दर्य खड़ा होता है। उनकी ही आवाज़ को लय, सुर देने की कोशिश यह शायरी है—ऐसी कोशिश जिसमें ग़मे जानां भी ग़मे दौरां को महसूस करने का एक तरीका हो गया है...

वे लोग जो खेतों में पसीना बहाते थे, ग़ज़ल की नाज़ो-अदा से वाकिफ़ नहीं थे। पसीने और आँसुओं में डूबे उनके अपने ही गीत थे जिन्हें शायद ही कभी लिखा गया। सुख-दुख के हर मौसम में गीतों के

यह फूल खिलते और फ़िज़ा में उनकी मदहोश करने वाली ख़ुशबू फैल जाती। मैं देखता—कि कैसे उनके अक़्स धूप, हवा, मिट्टी, पानी की तरह लफ़्ज़ों में नुमायां हो जाते...।

एक ड्रीमलैंड की रचना किसी 'आइडियोलॉजी' के तहत नहीं—सिर्फ़ इसलिए होती है कि वह मनुष्य की नैसर्गिक प्रवृत्ति है। एक स्वप्न के कारण कि यथार्थ को, जीवन को और बेहतर बनाया जा सकता है।

डॉ. राजीव कुमार और मेरे दोस्त जो इस लिखने की प्रक्रिया को नजदीक से देखते रहे हैं, उन्हें इस संग्रह के प्रकाशन पर प्रसन्नता होगी।...मयंक और सक्षम भी प्रसन्न होंगे।

लेखकीय अदा के व्यवसायी, भाई अरुण माहेश्वरी का आभारी हूँ। यह जानकर भी कि सच हमेशा 'पोएटिक विजन' से बड़ा होता है। सदैव एक स्पेस रह जाता है...

मैं यह किताब तुम्हारे हाथों में सौंपता हूँ।

सभी का आभार!

—अवनीश कुमार

अनुक्रम

ग़ज़लें

नज़्में

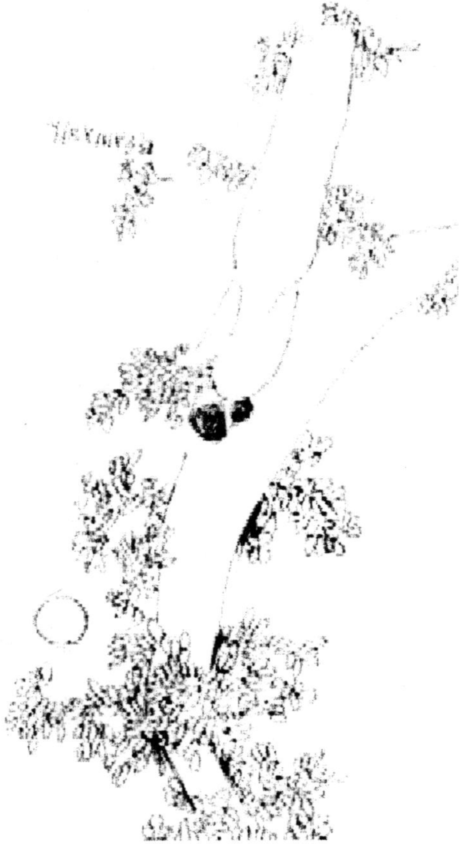

غزلیں

1

सुबह लिखती रही श्लोक सा गोरी कलाई पर
धूप लेटी रही चुपचाप टूटी चारपाई पर।

वो बेहतर जानते हैं चोट क्या होती हथौड़े की
मिली तक़दीर लोहे की, पड़े हैं जो निहाई पर।

बहुत बेचैन रहता था खुला आकाश छूने को
बहुत खुश लगा वो कल इक परिन्दे की रिहाई पर।

यहाँ कुछ लोग इस उम्मीद में खामोश बैठे हैं
कभी तो शर्म आएगी ही उसको बेहयाई[1] पर।

वो जिसके हाथ में ख़ंजर था, अब भोला कबूतर है
सभी की आँख दीवानी है हाथों की सफाई पर।

नीली ओढ़नी पर रोशनी का एक दरिया सा
सितारे दे गया है चाँदनी की मुँह दिखाई पर।

स्याह[2] थे लफ़्ज़ इनमें मोतियों की चमक है कैसे
ये किसने रख दिए हैं अश्क़ तेरे रोशनाई[3] पर।

---

1. निर्लज्जता, 2. काला, 3. स्याही।

2

बालू की इन दीवारों से महल बनाते हैं
शाम हुई तो बच्चे अपने घर आ जाते हैं।

ये उदास माहौल चुभे ख़ामोशी काँटे सी
आओ जानां![1] नये दौर की ग़जल सुनाते हैं।

भूखे बच्चों की रोटी का मसला ख़त्म हुआ
थाली में पानी भरकर हम चाँद दिखाते हैं।

जो जलती बस्ती पर मातम करने आये थे
लौट गये हैं अपने घर तो ज़श्न मनाते हैं।

चलो धूप के रस्ते चलकर देखें हम दोनों
देखें, कब तक इक दूजे का साथ निभाते हैं।

साँस के धागे तू ख़ुशबू का एक लिबास[2] बना
हम फूलों के रंगों से तसवीर बनाते हैं।

---

1. प्रेमिका, 2. परिधान।

3

सबका अपना सोचना है सबकी अपनी मान्यता
चन्द फतवों की नहीं मोहताज होती सभ्यता।

इस शहर में रोज ही निकले मशालों के जुलूस
इस शहर से रोशनी अब हो गयी है लापता।

गुजरती है भोगवादी सभ्यता इस राह से
कूड़े के ढेरों पे बचपन रोटियों को खोजता।

आदमी इक खुद से लड़ता हुआ चलता जा रहा
जाति, मज़हब, मुल्क की इन सरहदों को लाँघता।

युद्ध के नक्शे में उलझे हुए बच्चे आजकल
पूछते हैं—कहाँ है इसमें अमन का रास्ता।

लौटकर आता अगर वो ज़ंग के मैदान में
जख़्मी सच की पीठ पर टूटी सलीबें देखता।

शब्द की इस भीड़ में कुछ इस तरह मेरी ग़ज़ल
गाँव में चिथड़े पहन जैसे रहे 'मोनालिसा'।[1]

---

1. लियोनार्डो विंसी की म्शहूर पेंटिंग।

4

किताबों में छिपाकर अपनी इक तसवीर देता है
वो मेरे पाँव को इक रेशमी जंज़ीर देता है।

जो तुझको ताज देता है जो तुझसे छीन लेता है
फ़कीरों को ख़ुदा वो इश्क़ की जागीर देता है।

महकते गुल को ललचायी नज़र से देखने वालो
कोई काँटा उठाए सर तो सीना चीर देता है।

वो बच्चे जिनपे बचपन का कोई मौसम नहीं आता
वक़्त उन फूल से हाथों में क्यों शमशीर[1] देता है।

1. संगीन।

5

महसूस कर रहा हूँ, दुःख को सह रहा हूँ मैं
मौसम उदास है तो ग़ज़ल कह रहा हूँ मैं।

अपने लिबास के लिए कल धूप बेच दी
उस बस्ती के लोगों ने, जहाँ रह रहा हूँ मैं।

उस संगदिल[1] से कह, कि अपनी प्यास बुझा ले
सहरा[2] के बीच हो के अभी बह रहा हूँ मैं।

1. पाषाण हृदय, 2. रेगिस्तान।

6

हवाओं के पाँवों में ज़ंज़ीर देखे
बहुत दिन हुए तेरी तसवीर देखे।

किसी की दुआ में भरोसा न जिसको
वो माँ की दुआओं की तासीर[1] देखे।

हर पलक की नमी में वो रांझे के आँसू
हर लचकती हुई शाख में हीर देखे।

दोस्त है गर तो सीने से लग जाए मेरे
मेरा दुश्मन है तो अपनी शमशीर[2] देखे।

भूख हर ख़्वाब को तोड़कर रख गयी है
वो उन्हें देखे या तेरी तक़रीर[3] देखे।

1. प्रभाव, 2. संगीन, 3. सम्बोधन।

7

तुझसे दिल की धड़कनों की इस कदर पहचान है
ख़त में लिखना-भूल जाना क्या बहुत आसान है।

साँस में घुलमिल गया अहसास खुशबू की तरह
शाख से टूटे गुलाबों में अभी तक जान है।

कितने शहरों से गुजरता है समन्दर का सफ़र
ये पहाड़ी नदी अपने हश्र[1] से अनजान है।

घर में अपनी बेटी को मायूस मत करना कभी
आज है कल चली जाएगी कि वो मेहमान है।

तोड़ता रहता हूँ मैं दीवार सी इक रात दिन
दिल मेरा तक़सीम[2] से पहले का हिन्दुस्तान है।

1. नियति, 2. विभाजन।

8

क्यों रूठे मौसम से मुझसे हुए ख़फ़ा, ख़त में लिखना
अपनों से क्या परदा करना, मेरी ख़ता, ख़त में लिखना।

एक गुनाह मोहब्बत का था दर दर मारे फिरते हैं
अभी मिलेगी कितने दिन तक और सजा, ख़त में लिखना।

किस कारन से दिल से दिल तक का पैग़ाम नहीं जाता
बदल गया हो घर, तो अपना नया पता, ख़त में लिखना।

कुछ तो हो इस धूप की शिद्दत[1] में बादल के साये सा
प्यार के इक कोरे काग़ज़ पर दिल की दुआ, ख़त में लिखना।

वही प्यास की बेचैनी है, वही अँधेरा, वही घुटन
इक मीठे पानी का दरिया, धूप, हवा, ख़त में लिखना।

कल बरसे बादल तेरे घर नमी थी मेरे अश्क़ों की
कच्चे आँगन से उठती है, खुशबू क्या? ख़त में लिखना।

1. तीव्रता।

9

ये मिट्टी, ये हवा औ धूप पानी
शज़र[1] में खिल रही सबकी रवानी।[2]

नयी सी लगती है हर बार सुनकर,
सुना फिर से मोहब्बत की कहानी।

हमारे पास है काँटों का बिस्तर,
मगर ख़्वाबों में है फूलों की रानी।

बदलते मौसमों में खो गयी है
हमारी ज़िन्दगी की रुत सुहानी।

नया है रास्ता मुश्किल नयी है
तेरी तद्बीर[3] है फिर भी पुरानी।

साँस के चाक पर तामीर[4] होती
किसी कच्चे घड़े सी जिन्दगानी।

---

1. पेड़, 2. प्रवाह, 3. प्रयत्न, 4. निर्माण।

10

लब पे सच्ची हँसी नहीं होती,
दिल में जब तक खुशी नहीं होती।

हर सुबह तुम गुलों को गर न छुओ
वो महक ताजगी नहीं होती।

सिर्फ़ तुम एक मुझको मिल जाते,
फिर मुझे कुछ कमी नहीं होती।

मन तो होता है तेरा ध्यान धरें,
उतनी पाकीज़गी[1] नहीं होती।

दिल ही जब तक चराग़ सा न जले
रूह में रोशनी नहीं होती।

प्यास सहरा[2] की जानती होगी
कोई ठहरी नदी नहीं होती।

तेज बारिश हुई है, मिट्टी में—
वरना इतनी नमी नहीं होती।

---

1. पवित्रता, 2. रेगिस्तान।

11

रोशनी है, खुशी है और घर की शान है चम्पा
दुआ है माँ की बूढ़े बाप का अरमान है चम्पा।

नदी को अपने बचपन से वो माँ कहकर बुलाती है
बहुत ख़ामोश रहती दर्द की सन्तान है चम्पा।

गुलाबों में छिपे खंज़र, ज़हर खुशबू के साये में,
ये दुनिया देखती है और खुद हैरान है चम्पा।

धूप को सर पे ओढ़े जा रही घर जाने की धुन में
शहर की गोल सड़कों से अभी अनजान है चम्पा।

तौल पाया नहीं सिक्कों से जब वो फूल सी लड़की
महाजन गाँव का कहता कि बेईमान है चम्पा।

हमारी ज़िद है उसको रोशनी का ताज सौंपेंगे
अभी तक तो अँधेरों के यहाँ दरबान है चम्पा।

12

जब अँधेरा आँधियों पे मेहरबां हो जाएगा
रोशनी होते ही घर भर में धुआँ हो जाएगा।

हाँ! शरीके जुर्म[1] हूँ, फुटपाथ पर रहते हुए
सोचता हूँ शहर में मेरा मकां हो जाएगा।

तू न लौटे ना सही, कितने मुसाफ़िर आएँगे,
तेरा रोपा प्यार का विरवा जवां हो जाएगा।

रास्ता सच का अगर है तो अकेले चल पड़ो
एक दिन पीछे तुम्हारे कारवां हो जाएगा।

एक तिनके की अहमियत वैसे तो कुछ भी नहीं
इक परिन्दे के लिए वो आशियाँ[2] हो जाएगा।

जिसने हर मुस्कान हर आँसू पे पहरे रख दिए
वक़्त के इन्साफ़ से वो बेज़ुबां[3] हो जाएगा।

मेरी ये चाहत तुझे मग़रूर[4] कर देगी जरूर
तू भी औरों की तरह से बदगुमां[5] हो जाएगा।

---

1. अपराध में शामिल, 2. घर, 3. मौन, 4. अहंकार, 5. गलतफहमी।

13

पोटली में नमक थोड़ा औ दो सूखी रोटियाँ
भोर से ही काम पे निकली हैं देखो, बेटियाँ।

ज़ंग का मक़सद-फले खेतों में सोना धान का
बच्चे माँ की गोद में भरते रहें किलकारियाँ।

इनसे जब रोटी नहीं मिलती है भूखे पेट को
क्या नुमाइश में रखेंगे आपकी ये डिग्रियाँ।

बहुत था बीमार सूरज हड़बड़ाकर धूप ने
गिरवी रख दीं तीरगी[1] के हाथ अपनी चूड़ियाँ।

ज़िन्दगी भर रामलीला में लड़े सच की तरफ
मज़हबी दंगे में वो मारे गये रहमत मियाँ।

जब वो बोले लगे कानों में शहद सा घुल गया
पहन रक्खीं नीम की सींकों की जिसने बालियाँ।

आहनी[2] टूटे तो सोने का कफ़स[3] तैयार है
कम नहीं होती मोहब्बत में कभी दुश्वारियाँ।[4]

---

1. अँधेरा, 2. लोहे की, 3. पिंजरा, 4. कठिनाई।

14

लम्बी बहुत अँधेरी है ये रात मगर कट जानी है
हिम्मत रख मायूस न हो, तू नयी सुबह भी आनी है।

मुद्दत हुई निकल नॉवेल से धनिया[1] दिल्ली में आयी
ग़म का साया पीछे-पीछे हालत वही पुरानी है।

बचपन से ही सात रंग बाली पे रंग नहीं चढ़ता
कुहरा है तो क्या कर लेगा अब तो धूप सयानी है।

इन घाटों पर नाव नहीं लगती है, अरसा बीत गया
सँभल सँभल कर उतरो, भाई! आगे गहरा पानी है।

दरबारों में सजदे करके शाइर ने तमगे जीते
ख़ानकाह[2] में जब जाएगा कहेगा दुनिया फ़ानी[3] है।

घुमड़ रही है बादल जैसी उसके ख़त की एक सतर[4]
देहरी पर आषाढ़ आ गया टूटी छप्पर छानी है।

---

1. गोदान की नायिका, 2. सूफी आश्रम, 3. नश्वर, 4. पंक्ति।

15

उगा है सूरज परिन्दों की ख़बर आने तो दे
धूप तेरे घर भी आएगी सहर[1] आने तो दे।

तेरे पाँवों की जलन महसूस होती है मुझे
धूप तीखी है मगर कोई शज़र[2] आने तो दे।

माँगने से मिल सकी तो ठीक वरना छीन लूँ,
ज़िन्दगी इक पल सही मुझको नजर आने तो दे।

तू भले रुक जाए पर मौसम तो रुक सकता नहीं
इस समन्दर में कभी कोई लहर आने तो दे।

कौन कहता है चमन में अब नहीं फ़स्ले बहार,[3]
नये फूलों की नयी ख़ुशबू इधर आने तो दे।

शेख! हम भी छोड़ देंगे मयक़दे का रास्ता,
जिसने दी है प्यास पहले उसका घर आने तो दे।

कश्तियों में हम तलातुम[4] साथ लेकर आये हैं
देख लेंगे, भँवर भी, पहले भँवर आने तो दे।

---

1. सुबह, 2. वृक्ष, 3. बसन्त का मौसम, 4. तूफान।

16

वो मुझे ले गया बहारों तक
इस चमन के हसीं नज़ारों तक।

तश्नगी[1] बाँह पकड़ ले आयी।
जलते सहरा से आवशारों[2] तक।

एक उसका ही नूर[3] फैला है
इस जमीं पर औ चाँद तारों तक।

जिस सफीने[4] का हौसला माँझी
पहुँच ही जाएगा किनारों तक।

बात के पंख है वो उड़ती है
बात रहने दे ये इशारों तक।

इश्क़ महदूद[5] कर दिया किसने
सोने चाँदी से इश्तहारों तक।

1. प्यास, 2. झरना, 3. प्रकाश, 4. नाव, 5. सीमित।

17

छलकते जाम में ज़हर जैसा
मैं नहीं हो सका शहर जैसा।

ख़्वाब सा कैद था जो आँखों में,
उड़ गया है किसी ख़बर जैसा।

उसने गमलों में कैक्टस रोपे।
खुद जो लगता है गुलमोहर जैसा।

क्या हुआ ले गया समन्दर जो
वो उठेगा किसी लहर जैसा।

तेरा अहसास छू गया मुझको
इक परिन्दे के नर्म पर जैसा।

हम भी इस क़ाफ़िले में शामिल हैं
जिसमें कुछ भी नहीं सफ़र जैसा।

18

सर पे मेरे अब कोई साया नहीं
वो गया तो लौटकर आया नहीं।

वक्त चारागर[1] तो है लेकिन यहाँ,
जख़्म से ये दर्द बावस्ता[2] नहीं।

कोई रस्ता निकल आता है वहाँ,
जब भी लगता है कोई रस्ता नहीं।

दिल है ये गीली लकड़ियों की तरह
धुआँ देता है मगर जलता नहीं।

तू मज़ारों पे टिका कर सर न रो
वहाँ जाकर फिर कोई लौटा नहीं।

नाम देकर बाँध दे ज़ंज़ीर से
तेरे मेरे बीच वो रिश्ता नहीं।

शानो शौकत के सुने चरचे जरूर
हमने शाहे-वक़्त[3] को देखा नहीं।

---

1. इलाज करने वाला, 2. सम्बन्धित, 3. समय का शासक।

19

प्यास लहरों पर बढ़ी ओढ़े कफ़न
ये समन्दर सूखना है एक दिन।

बह रही है रेत के नीचे नदी
गाँव तट का डूबना है एक दिन।

हम सड़क पर आ गये ये सोचकर
काँच का घर टूटना है एक दिन।

क्या था पिंजरे में जो खुश इतना लगे
पंछियों से पूछना है एक दिन।

जिनमें तेरे कुछ महकते ख़त रखे
वे किताबें ढूँढना है एक दिन।

20

परिन्दे सुबह होते ही सबक[1] को याद करते हैं,
फलक[2] अपने परों से तौलते परवाज़[3] करते हैं।

कभी तुम भेस बदलो, सड़क पर निकलो—सुनो बातें,
जुलूसों में तो सारे लोग जिन्दाबाद करते हैं।

जमाना इक नदी बंदिश लगाता फिर भी दीवाने
मोहब्बत के लिए सौ रास्ते ईज़ाद[4] करते हैं।

बहुत कड़वी मिली थी लाज हमने प्यास की रख ली
तेरे शीरी[5] लबों को ज़िन्दगी अब याद करते हैं।

वो सीधा चल नहीं सकता तेरे अहसान से दबकर
किसी मजबूर की क्या इस तरह इमदाद[6] करते हैं।

मुद्दतें हो गयी हैं हरी शाखों से तुम्हें बिछड़े
चलो सोने के इस पिंजरे से अब आजाद करते हैं।

---

1. पाठ, 2. आकाश, 3. उड़ान, 4. खोज, 5. मीठे, 6. सहायता।

21

वक़्त की रुत तो आनी जानी
फिर आएगी शाम सुहानी।

धरती उसकी बन्दे उसके
कौन है राजा कौन है रानी।

जड़ी है ख़्वाब के नये फ्रेम में
आँसू की तसवीर पुरानी।

सूरज धरती सोच में डूबे
धूप की बेटी हुई सयानी।

धूल का प्याला[1] होंठ से चिपके
माटी ने माटी पहचानी।

1. मिट्टी का पात्र।

22

नयी फ़सलों पे भी तो मौसम पुराना आएगा
बात कोई भी चले तेरा फसाना[1] आएगा।

चाँदमारी कर रहा है शजर के सीने पे वो
फिर किसी इन्सान पर पक्का निशाना आएगा।

पहले छत पे जाल आएगा सलीके से बुना
इन परिन्दों के लिए फिर आबो-दाना[2] आएगा।

बाढ़ का पानी घरों की छत तलक तो आ गया
रेडियो पर बज रहा मौसम सुहाना आएगा।

सड़क पर ठंडी बियर के बोर्ड को पढ़ते हुए
सोचता हूँ कब एक छोटा चायख़ाना आएगा।

चूमती है कच्चे आँगन की महक माथा मेरा
धड़कनें कहतीं कि तेरा आशियाना आएगा।

दूध से चलती हों जिसमें रोटी के चक्के लगे
देखना ऐसा भी कारों का ज़माना आएगा।

---

1. कहानी, 2. दाना पानी।

23

सुबह होने लगी डूबे सितारे
बरहना[1] हो गये हैं ख़्वाब सारे।

उमड़ आयी हैं लहरें बाँह खोले
कोई सोहनी[2] है दरिया के किनारे।

रिहाई माँगते हैं क़ैद से अब
किताबों में रखे वो ख़त तुम्हारे।

पाँव में रेशमी जंज़ीर जैसे
मुसाफिर! राह के दिलक़श नज़ारे।

1. निर्वसन, 2. पंजाब की प्रेमकथा की नायिका।

24

झूठ कहता है पर सच्चा लगे है
मुझे उसका हुनर[1] अच्छा लगे है।

तुम्हारी तश्नगी[2] की इंतेहा[3] है
सुलगती रेत भी दरिया लगे है।

जुनूं[4] में कौन आया साहिलों[5] पर
हवा चीखे—घड़ा कच्चा लगे है।

पराया है, ये मैं भी जानता हूँ
मुझे वो जाने क्यों अपना लगे है।

परिन्दा ये फ़लक[6] को जीत लेगा
कफ़स[7] में है मगर उड़ता लगे है।

---

1. कला, 2. प्यास, 3. चरम, 4. पागलपन, 5. तट, 6. आकाश, 7. पिंजरा।

25

ताजे खिले गुलाब की ख़ुशबू बिखर गयी
इस बज़्म[1] में जिस ओर भी तेरी नज़र गयी।

जैसे गुलों के पहलू में काँटे भी छिपे हों
इतना हँसे कि आँख आँसुओं से भर गयी।

फिर सोच का दर[2] खोल के देखा तो कुछ नहीं
इक याद तेरी दस्तकें दे के गुजर गयी।

सुनसान रात सारे चरागों को बुझाकर
अब पूछ रहा है कि रोशनी किधर गयी।

अफ़सोस नदी को बहुत है यूँ ख़ुशी भी है
मिल कर के समन्दर से मेरी प्यास मर गयी।

पत्तों की सीढ़ियों पे इक पाज़ेब रखी है
लगता है, पीली धूप नदी में उतर गयी।

1. सभा, 2. दरवाज़ा।

26

एक दरिया के संग तश्नगी[1] का सफ़र
कितना मुश्किल हुआ आदमी का सफ़र।

मेरे संग तेरा चलना भी क्या चीज है
दर्द की धूप में चाँदनी का सफ़र।

नामुक़म्मल[2] रहेंगी ये तैयारियाँ
चल, शुरू कर अभी ज़िन्दगी का सफ़र।

तू समन्दर है तुझको पता ही नहीं
कैसे पूरा हुआ है नदी का सफ़र।

एक पल इक सदी से भी ज़्यादा लगा
एक पल में किया है सदी का सफ़र।

राख होते हुए घर, धुआँ ही धुआँ
ये नये दौर की रोशनी का सफ़र।

लफ़्ज-दर-लफ़्ज मैं सोचता हूँ तुझे
देखता हूँ तेरी बेबसी का सफ़र।

1. प्यास, 2. अपूर्ण।

27

परवाज़[1] करे कोई परिन्दा, मज़ाल है
पिंजरे की छोड़िए फ़लक[2] के हाथ जाल है।

हो आहनी[3], सोने की या फिर तेरी ज़ुल्फ हो
ज़ंजीर तो ज़ंजीर है... मेरा ख़याल है।

सारे जवाब तार तार हो गये हैं शेख
हर रोज़ ज़िन्दगी पे नया ही सवाल है।

वो दिलफ़रेब हुस्न[4] पे मगरूर[5] है मगर
सोचे तो कभी अक्स ये किसका ज़माल[6] है।

वो लॉन का गुलाब जनवरी की सुबह में
काँधे पे उसके कोहरे का शफ्फ़ाक़[7] शॉल है।

मौसम के इस मिज़ाज की पहचान ही न थी
बारिश हुई तो प्यास बढ़ गयी, कमाल है।

सूरत वो तेरी आँख को बेख़्वाब[8] कर गयी
दिल है कि उसे आज तक तेरा ख़याल है।

---

1. उड़ान, 2. आकाश, 3. लोहे की, 4. मनमोहक सौन्दर्य, 5. गर्वित, 6. सौन्दर्य, 7. श्वेत 8. जागी हुई।

28

मोहब्बत फर्ज़ या ईमान की बातें नहीं करते
नयी तहज़ीब[1] में, इन्सान की बातें नहीं करते।

घने साये की नेमत[2] दे शज़र खामोश रहते हैं
आदमी की तरह अहसान की बातें नहीं करते।

शिष्य ने कह दिया है युद्ध में इसकी जरूरत है
तो द्रोणाचार्य उससे दान की बातें नहीं करते।

शरीफ़ों ने पढ़ा, सोचा, जिया नंगे, रिसालों को
शरीफ़ों के यहाँ 'गोदान'[3] की बातें नहीं करते।

सार्त्र, लूकाच से होते हुए देरेदा तक जाएँ
ये दानिशवर[4] हैं, हिन्दुस्तान की बातें नहीं करते।

सड़क पर आ गये हैं, रोटियों की खोज में जब से
तो रांझे हीर तक रोमान की बातें नहीं करते।

---

1. संस्कृति, 2. अनुकम्पा, 3. एक उपन्यास, 4. बुद्धिजीवी (लेखक)।

29

लहरों को प्रतिबन्धों से बाहर लाओ
मरुथल की बाँहों तक ये सागर लाओ।

निर्वसना कविता को नंगी खबरों ने
कर डाला है, चिन्तन की चादर लाओ।

नदिया कहती तट पर आने वालों से
घर ले चलो मुझे, कोरी गागर लाओ।

तोड़ो कंचन पिंजरे के दरवाजे को
प्रतिभा के पंछी को अपने पर लाओ।

30

तेरे हाथों में रची मेहँदी अभी ताजा लगे
क्या हुआ जो पीली हल्दी सा तेरा चेहरा लगे।

दिन तो सड़कों पर भटकते गुजर जाए बारहा
शाम जब सूरज ढले तो घर बहुत सूना लगे।

जिसकी खुशियों के लिए हर ख़्वाब गिरवी रख दिया
उसको रोता देखता हूँ तो बहुत सदमा लगे।

पत्थरों में भी गुलाबों की महक देखी गयी
वहाँ रेगिस्तान मिलता है जहाँ दरिया लगे।

धूप जब गोरी हथेली मेरे माथे पर रखे
सर्दियों की धूप में मुझको बहुत अच्छा लगे।

जाति, मज़हब, रूप-रंग बेकार की बातें हैं सब
दिल उसी को चाहता है जो उसे अपना लगे।

31

जितनी डैनों में जान होती है
उतनी ऊँची उड़ान होती है।

ये मोहब्बत जो बनती अफ़साना
दरअसल बेज़ुबान होती है।

उससे छूटे तो...छूट ही जाए
वक़्त पे इक कमान होती है।

शाख फूलों से लद गयी इतनी
ख़ुशबुओं से थकान होती है।

वो न हिन्दी है वो न उर्दू है
दिल की अपनी ज़बान[1] होती है।

1. भाषा।

32

गुलमोहर देखकर मुँह छिपाने लगी
इक गुलाबों की टहनी लजाने लगी।

तुम हवाओं की साजिश से बचकर रहो
धूप मुख़बिर सी कमरे में आने लगी।

प्यासी पलकें हथेली से मूँदे हुए
आवशारों[1] सी वो खिलखिलाने लगी।

जल गया चूल्हा जैसे हवन हो गया
वो भजन की तरह गुनगुनाने लगी।

सब्ज़[2] पत्तों का एक पैरहन[3] ले हवा
ख़ुशबुओं के बदन को छिपाने लगी।

---

1. झरना, 2. हरे, 3. परिधान।

33

ये पल न कहीं जाए फिसल, सोच रहा हूँ
फिर मैं ही कर दूँ क्यों न पहल, सोच रहा हूँ।

तुम साथ हो तो घर की कमी फिर नहीं खलती
ये बात है जो घर से निकल, सोच रहा हूँ।

हाँ! वक़्त मुश्किलों से भरा है बहुत मगर,
कीचड़ में ही खिलते हैं कमल सोच रहा हूँ।

जिस दिन से बिछड़े उसकी फिर सूरत नहीं देखी
अब जाने कैसी होगी ग़ज़ल, सोच रहा हूँ।

आती है तेरे मेरे पसीने की ख़ुशबुएँ
पकती है कैसे-कैसे फ़सल सोच रहा हूँ।

सदियों से रहते आये हैं, फुटपाथ पे जो लोग
मैं उनके लिए ताजमहल, सोच रहा हूँ।

34

किशोरी धूप दरपन देखकर खुद से लजाई है
सूर्य ने जब से उसके ब्याह की चरचा चलाई है।

मोहब्बत क़ैद हो जाती है सोने की ज़ंजीरों में
महज़ अफ़वाह है यारों, जमाने ने उड़ाई है।

जमूरे ने कहा—सारा तमाशा पेट की ख़ातिर
कोई जादू नहीं है सिर्फ़ हाथों की सफाई है।

वहाँ दरिया किनारे धूप एक मक़तब[1] चलाती है
परिन्दे—हवा से उस्ताद खुशबू की पढ़ाई है।

उतर जाते हैं रिक्शे से उसे धक्का लगाते हैं
पता है छोटे बच्चों को बहुत ऊँची चढ़ाई है।

1. पाठशाला।

35

ज़िन्दगी अपनी नज़र से देखता है
उसका अन्दाज़े बयां[1] सबसे जुदा है।

जानते हैं चाँदनी के ख़्वाब का सच
हमने अंगारों को पलकों से छुआ है।

यूँ नदी मिल तो समन्दर से गयी है
प्यास कहती है अभी भी फ़ासला है।

कफ़स[2] मे हैं मगर है परवाज़ जारी
इन परिन्दों में गज़ब का हौसला है।

चाँद जैसा चेहरा क्या सोच मुझसे
अपने आँचल में सितारे माँगता है।

---

1. बोलने का ढंग, 2. पिंजरा।

36

रोशनी की चाह सबको किस कदर होने लगी
इन अँधेरों की हक़ीकत क्या, ख़बर होने लगी।

एक दिन कट जाएगा ही सख़्त काँटों का सफ़र
ज़िन्दगी तू क्यों अभी से बेसबर होने लगी।

दूर तक दिखती नहीं कोई नदी कोई दरख़्त
हम हैं रेगिस्तान में औ दोपहर होने लगी।

तैरता है जिसमें कश्ती की तरह मेरा वजूद[1]
एक दरिया की तरह तेरी नज़र होने लगी।

जिसमें जुगनू कैद थे हमने वो मुट्ठी खोल दी
दिन में उनकी रोशनी जब बेअसर होने लगी।

---

1. अस्तित्व।

37

नये पत्ते ग़मज़दा[1] गुल काँपते थर-थर यहाँ
कुछ दिनों से हवा गुलशन में लिये खंज़र यहाँ।

हाथ में लेकर नशे की गोलियाँ इक आदमी
ढूँढता फिरता है अपनी नींद को बिस्तर यहाँ।

ये बिहारी लोग ऊँची बिल्डिंगों की रीढ़ हैं
ईंट के भट्ठे पे डाले फूस के छप्पर यहाँ।

तीज त्योहारों पे इक मुस्कान पाने के लिए
रख गये कुछ लोग अपने अश्क़ के जेवर यहाँ।

मुल्क़ भर के मसखरे परचम उठाये अदब का
दे रहे फतवे, बहुत लाचार है शायर यहाँ।

1. दुख से भरे।

38

इससे जुड़ी हुई थीं कितनी ही कहानियाँ
क्यों तोड़ डाली तुमने गुलमोहर की टहनियाँ।

उड़ती हुई चिड़िया हो नीले रंग के 'शेड' में
स्वेटर के डिजाइन पे सोचती हैं लड़कियाँ।

मैं हूँ चराग़ अपनी शर्त पे ही जलूँगा
धमकाती रहे मुझको चाहे जितना आँधियाँ।

लहरों के साथ जाग जाग कर सफर किया
सीने पे रेत के जो सो रही हैं कश्तियाँ।

इक खास जगह जा के ठहर जाती है नज़र,
यूँ तो कहीं भी ख़त्म नहीं होता आसमां।

मैं धूप में चलूँ तो तेरे पाँव जल उठे
रिश्ता कोई जरूर तेरे मेरे दरमियां।

वे कितने गुनहगार हैं जो तोड़ लाए हैं
घर अपना सजाने को परिन्दे का आशियां।

39

क्या पूछना अब कौन किसका हमसफ़र रहा
सर पे शदीद[1] धूप थी जारी सफ़र रहा।

कुछ देर रुक के चल दिए पंछी औ मुसाफ़िर
अपनी जड़ों के साथ वहीं पर शज़र रहा।

जब चाँदनी के हाथ को बीमार चाँद ने
चूमा था तो वो रात का पिछला पहर रहा।

अब भीड़ में पहचान मुक़म्मल[2] नहीं होती
वो शख़्स जिसपे फ़ख्र[3] मुझे इस कदर रहा।

बादल उड़ा के ले गये खुशबू की डगर पे
वादे-सबा[4] का झोंका कैद किसके घर रहा।

कागज की छतरियाँ हमारे पास थीं जरूर
सूरज से लड़ लिए मगर बारिश का डर रहा।

1. तीव्र, 2. सम्पूर्ण, 3. गर्व, 4. समीर।

40

जो हमने बोये थे वे बीज अब अँखुआ[1] गये होंगे
लगाकर जोर धरती की परत चटखा गये होंगे।

कसैले स्वाद वाली पत्तियों पर शहद के छत्ते
सहज संकोच वाले नीम कुछ शरमा गये होंगे।

कसीदा ख़्वां[2] अभी आये थे उस गिरती हवेली में
उस बूढ़े शख़्स को कुछ देर को बहला गये होंगे।

मछलियाँ छोड़कर पानी कहाँ जाएँ? पता उनको
मछेरे कश्तियों में जाल लेकर आ गये होंगे।

पहाड़ी नदी आकर शहर में अस्मत लुटा बैठी
लुटेरे रेत की चादर उसे पहना गये होंगे।

---

1. अंकुरित, 2. प्रशस्ति गायक।

41

मोहब्बत कर रही है मुद्दतों से वार मौलाना
गिरेगी नफ़रतों की एक दिन दीवार मौलाना।

कोई तो बात है जिससे कि हमने कलम ही पकड़ी
हमारे वक़्त भी मौजूद थी तलवार मौलाना।

दिखाई रेत पड़ती है कभी चट्टान ही तो थी
मोड़ने से नहीं मुड़ती नदी की धार मौलाना।

नहीं आदाब कर पाये हमारी बेबसी देखो
हमारे हाथ पे रक्खे रहे अंगार मौलाना।

फूल ख़ुशबू औ दरिया धूप के ख़्वाबों का क्या करते
इश्क़ ने शर्त रख दी ला ये बंगला कार मौलाना।

वक़्त का दर्द गाती है—दिलों पर राज करती है
ग़ज़ल मुजरा नहीं करती किसी दरबार मौलाना।

नफरतों की फसल पक भी गयी तो तुझको क्या देगी
जमीं जरख़ेज[1] है तो बो दे इसमें प्यार मौलाना।

1. उर्वर।

42

निशाते वस्ल[1] तो इक लम्हें की हक़ीकत थी
शबे-फिराक[2] वो ताउम्र की अज़ीयत[3] थी।

कुछ तर्जे-मुलाकात[4] ने दिल को चोट दी होगी
तर्के-तआल्लुक[5] करना, अपनी कब ये आदत थी।

कफ़स से छोड़ दिया सय्याद[6] ने तो पर बाँधे
वैसे भी परिन्दे में परवाज़ की न ताकत थी।

सोच राहवर[7] पे रख रेहन आँख बन्द कर लीजे
काफिले के हर शख़्स को पहले से हिदायत थी।

---

1. मिलन का आनन्द, 2. वियोग की रात, 3. यातना, 4. मुलाकात का ढंग, 5. सम्बन्ध समाप्त करना, 6. शिकारी, 7. नेतृत्वकर्त्ता।

43

लफ़्ज़ सब कर दिये तेरे हवाले
तेरी मर्ज़ी पे, जो मतलब निकाले।

भूख के दस्तरस[1] में हैं अभी तक
ख़ुदाया शुक्र तेरा, दो निवाले।

हवा का रुख़ तो बाग़ी हो चुका है
कहो माझी से अब कश्ती बचा ले।

सर का आँचल हो या हाथों का परचम
फ़र्ज़ है तेरा, दोनों को सँभाले।

---

1. हाथों की पहुँच में।

44

कुछ छोटे ख़्वाब उनके बड़े इन्तज़ार थे
जद्दो ज़ेहद[1] के दिन भी कितने यादगार थे।

नादान दिल से हमने कहा, सच कबूल कर
करने को तेरी याद बहाने हजार थे।

सुख इतने कम कि उनको अँगुलियों पे गिन सकें
मन के गगन में दुख के तारे बेशुमार थे।

सदियों से जिनमें पलता रहा ख़्वाबे इंक़लाब,
उन जागी हुई आँखों के हम कर्ज़दार थे।

जो धूप की शिद्दत में अब तलुए जला रही
उस रेत के सीने में कई आबशार थे।

कुम्हला गये थे धूप में जलते हुए चेहरे,
गंदुम के खोसे[2] सोने जैसे चमकदार थे।

रथ रोशनी का तंग गली में भी जाएगा,
औरों की तरह हम भी बहम का शिकार थे।

---

1. संघर्ष, 2. गेहूँ की बालियाँ।

45

कर बर्क़[1] के हवाले आशियां, या सजा दे
इस सिलसिले की इंतेहा[2] भी आज बता दे।

मसरूफ़[3] रहा संग़मारी[4] में तमाम उम्र
उस शख़्स को मुमकिन हो फूल जैसी दुआ दे।

हर पल बदलती रहती हैं हाथों की लकीरें
अपनी हथेलियों से मेरा नाम मिटा दे।

इस वक़्त की रफ़्तार में रुकता नहीं कुछ भी
गुजरे सफ़र को ख़्वाब की मानिंद भुला दे।

चट्टानों से टकरा के लौट आती है पुकार
सुनसान वादियों में कौन किसको सदा[5] दे।

जागेंगे तो तामीर की कोशिश भी करेंगे।
तू नींद में उतर जा उनकी, ख़्वाब जगा दे।

यादों के कफ़स की सलाखें टूटें इसके क़ब्ल[6]
ग़म के कबूतरों को किसी रोज़ उड़ा दे।

1. बिजली, 2. चरम सीमा, 3. व्यस्त, 4. पत्थर फेंकना, 5. आवाज़, 6. पहले।

46

जरा सी बात पर भी रूठता है
अना[1] झुकने न दे तो टूटता है।

हरेक मौसम तेरी यादों का मौसम
कहीं आँखों का सावन सूखता है।

उदासी के घरों में छत नहीं, दिल–
ग़मों की बारिशों में भीगता है।

ख़िजां[2] में भी इक गुंचा दहन[3] कोई
बहारों के हवाले ढूँढता है।

हवा हल्का इशारा भी करे तो
शाख से ज़र्द[4] पत्ता टूटता है।

---

1. अहं, 2. पतझड़, 3. फूल से चेहरे वाला, 4. पीला।

47

वफ़ा की बात करना जुर्म ठहरा
लबों पर रख दिया ख़ामोश पहरा

लरजती[1] है ग़ज़ल की शाख, आया–
वो तेरी याद का पंछी सुनहरा।

हलक की प्यास आँखों में बसी तो–
गजालां[2] बर्क-पा[3] है–जलता सहरा।

किताबों में जो सूखे फूल देखे
तो याद आया तेरा मासूम चेहरा।

शनावर[4] ख़्वाब की जिद है तो उतरे
समन्दर आँख का बेशक है गहरा।

---

1. कम्पित, 2. हिरनी, 3. जिसके पाँवों में बिजली हो (तीव्रगामी), 4. तैराक।

48

तुम अगर साथ हो तो सफ़र का मज़ा है
नहीं तुम तो कोई भी मंज़िल सज़ा है।

अभी धूप पर ताज़िरों[1] का नहीं बस
सभी को मयस्सर वो नीली रिदा[2] है।

निशानी है वो तेरी टूटी अना[3] की
गुहर[4] तेरे दस्तार[5] पर जो सजा है।

जाम यूँ ही नहीं सबको देता है साकी
रिन्द पे पहले मय का असर देखता है।

महफ़िले-जानां[6] में हम गये थे, मगर यूँ
जैसे मक़तब[7] में बच्चा सबक[8] सीखता है।

चलो, सौंप दें इसको बादे-सबा[9] को
ख़त ये ख़ुशबू का जिस पर मोहब्बत लिखा है।

अब उसकी समाअत[10] पे है बात सारी
दुआ लब पे आयी मगर बे-सदा[11] है।

मेरे शाह की तुम अजीयत[12] न पूछो
फ़कीरों से कशकोल[13] तक छीनता है।

---

1. सौदागर, 2. चादर, 3. अहं, 4. मोती, 5. पगड़ी, 6. प्रेमिका की सभा, 7. पाठशाला, 8. पाठ, 9. समीर, 10. सुनने की शक्ति, 11. मौन, 12. यातना, 13. भिक्षा पात्र।

49

सिसकते हुए बामो-दर[1] न देखे
उसे जाना था चश्मे-तर[2] न देखे।

हमारी आँख फूलों पर लगी थी
तुम्हारे हाथ के खंजर न देखे।

परिन्दे को जुनूं[3] परवाज़ का है
राह तकता कोई पत्थर न देखे।

आतशीं[4] हुस्न भी कारे-जियां[5] है
कहो, देखे मगर जी भर न देखे।

शायरी वक़्त की देगी गवाही
नहीं मुमकिन कि जलते घर न देखे।

---

1. अटारी और दरवाज़ा, 2. भीगी आँखें, 3. पागलपन, 4. चमकदार (आग जैसा), 5. क्षति कारक।

50

यकलख़्त[1] वो आ जाएगा इसका पता न था
घर था, मगर उसकी तरह आरास्ता[2] न था।

अरमान सारे बेचकर वे लौट आये हैं
ख़्वाबे शहर[3] से जिनपे भी अपना ख़ुदा न था।

हमने उसी के लहजे में फिर उससे बात की
है रंज, मगर और कोई रास्ता न था।

इक फ़सलफे[4] की कैद उसके चारों सम्त[5] थी
दुनियावी मसाइल[6] से उसे वास्ता न था।

हाँ, तीरग़ी[7] ही राहवर थी भेष बदलकर
इक था हुजूम, रोशनी का काफिला न था।

ये क्या हुआ कि अक्स[8] नुमायां[9] तेरा फिर भी
कागज पे हमने नाम तक तेरा लिखा न था।

---

1. अचानक, 2. सज्जित, 3. सपनों का शहर, 4. दर्शन, 5. दिशा, 6. सांसारिक समस्याएँ, 7. अन्धकार, 8. छवि, 9. प्रगट।

51

जो चाहा था वो पसमंजर[1] नहीं है।
सुबह है, रात से बेहतर नहीं है।

परेशां है कई घर की घुटन से
बहुत से हैं कि जिनपे घर नहीं है।

ऐ मीरे-फौज़[2] तू है ज़ंग भी है।
कि तेरे साथ अब लश्कर[3] नहीं है।

बड़ी पुरलुत्फ़[4] है दुनिया की दौलत
वो तेरे ख़्वाब से बढ़कर नहीं है।

तू क़ह तो दे कि मेरा बख़्त[5] बदले
मेरा आशिक है वो, शाइर नहीं है।

सुबह सय्याद ने देखा, कफस में
फलक का ख्वाब है...ताइर[6] नहीं है।

---

1. वातावरण, 2. सेनापति, 3. सेना, 4. आनन्दपूर्ण, 5. भाग्य, 6. पंछी।

52

उरूज़े-फ़न[1] का है इमकां[2] जहाँ तक
तेरा परचम सँभालेंगे वहाँ तक।

मिरी तहरीर पहुँचेगी किसी दिन
महफ़िले-अदब[3] से उस बेजुबां तक।

रिहाई धूप की मुमकिन नहीं है
घना कोहरा ज़मीं से आसमां तक।

सफ़र में आते हैं ऐसे मराहिल[4]
नहीं मिलते हैं कदमों के निशां तक।

कई मौसम मिले हैं जानां! तेरे
लबो रुखसार[5] से वर्गे़-ख़िजां[6] तक।

कोई महवश[7] सुनहरी जिल्द में है
घूम आएँ किताबों की दुकां तक।

---

1. कला का उत्कर्ष, 2. सम्भावना, 3. साहित्यिक सभा, 4. पड़ाव, 5. होठ और गाल, 6. पतझड़ के पत्ते, 7. चाँद से चेहरे वाला।

53

अदब-ए-वक़्त[1] का मेआॅर[2] क्या है
अदीबों, यह नयी तकरार क्या है।

मुकाबिल[3] तोप से हर पल कलम थी
तुम्हारे हाथ की तलवार क्या है।

मुक़म्मल[4] फैसला कर ले, मोहब्बत
तो सरहद पे उठी दीवार क्या है।

हमें बिकना नहीं मंजूर, सुन ले
अब तेरा दर है क्या बाज़ार क्या है।

तेरी रग रग से वाकिफ़ हो चुके हैं
जानते हैं तेरा इनकार क्या है।

महाफ़िले-जानां[5] में जाओ तो समझो
लज्ज़त[6]-ए लब-ओ रुख़सार क्या है।

कौन लौटा है उन गलियों में जाकर
बताए कौन तुझको प्यार क्या है।

1. समकालीन साहित्य, 2. मानक, 3. आमने सामने, 4. सम्पूर्ण, 5. प्रेमिका की सभा, 6. आनन्द।

54

कल बड़ा कद लग रहा था तेरा उस तक़रीर[1] में
आज देखा तो जुदा सूरत तेरी तसवीर में।

दर्द की फसलों पे बाकी रहा अश्कों का लगान
जो भी बन्दे बस गये थे इश्क़ की जागीर में।

आगे के मोरचे पर उस बच्चे को भेजना
उसका फेंका गुल लगेगा ठीक एक शुमशीर[2] में।

क्लर्क होकर रह गया है रांझा अपने वक़्त का
फाइलों के ढेर सा दिखने लगा है हीर में।

---

1. सम्बोधन, 2. संगीन।

55

न आने के बहाने कर रहा है
ख़ुदा जाने वो कुछ कुछ डर रहा है।

पता है इश्क़ का अंजाम किसको
मगर वो इब्तेदा[1] तो कर रहा है।

तख़य्युल[2] में सभी रिन्दों[3] ने देखा
वो फिर खाली सुराही भर रहा है।

भटकते काफिले से पूछना तो
तुम्हारे साथ भी रहबर[4] रहा है।

आँधियाँ अपनी रौ[5] में थीं, न सोचा
दरख़्तों पे किसी का घर रहा है।

---

1. आरम्भ, 2. स्वप्न, 3. शराबी, 4. नेतृत्व कर्ता, 5. प्रवाह (धुन)।

56

विसाले-शब[1] से बस इतना ग़िला[2] है
बहुत मसरूफ़ियत[3] में वो मिला है।

बिछड़ना खुद से हो तुमसे मिलें तो
इश्क़ का कौन सा ये मरहला[4] है।

चमक शोहरत की दो पल की है, फिर तो
वही गुमनामियों का सिलसिला है।

रक़्स[5] करती है इक रूपोश[6] ख़ुशबू
शाख पे गुनगुनाता गुल खिला है।

नुमायां[7] है न संगे मील[8] कोई
हमारे बीच जो भी फ़ासला है।

1. मिलन की रात, 2. शिकायत, 3. व्यस्तता, 4. पड़ाव, 5. नृत्य, 6. छिपी हुई, 7. प्रगट, 8. मील का पत्थर।

57

मदारी मंच पर आकर नये करतब दिखाता है
तमाशा देखता है मुल्क़ औ ताली बजाता है।

कभी मैं सोचता हूँ कि ये साज़िश ख़त्म कब होगी
न कोई चीखता है न कोई हल्ला मचाता है।

सुबह सूरज के संग निकले सफ़र पर, दे सदा[1] कोई
लौट आये, धुँधलका शाम का जब फैल जाता है।

शाहे-वक़्त[2] के संग चल तो तुझपे भी नवाज़िश[3] हो
मुख़ालिफ़[4] है तो खाली हाथ, केवल दुख उठाता है।

परिन्दे खोज में रहते हैं यूँ कमसिन[5] दरख़्तों की
हवाएँ तेज हों तो शज़र बूढ़ा टूट जाता है।

मसाइल[6] ज़िन्दगी के अदब[7] में अच्छे नहीं लगते
सुखनबर[8] अब महज अख़बार ही पढ़ता-पढ़ाता है।

वो कहता है बहारों के शहर से लौट आएगा
मगर उजड़ा चमन हो तो दोबारा कौन आता है।

सजा रक्खे हैं हमने जिन्दगी के ख़्वाब पलकों पर
शरारों[9] की हमें तासीर[10] अब तू क्या बताता है।

---

1. आवाज़, 2. समय का शासक, 3. अनुकम्पा, 4. विरोधी, 5. कमउम्र, 6. समस्या, 7. साहित्य, 8. लेखक (कवि), 9. अंगारे, 10. प्रभाव।

58

खुशी के, ग़म के वे गुजरे ज़माने
याद हैं, इश्क़ के इक दो फ़साने।

गुलों में ढूँढती फिरती है बेकल
तितलियाँ ख़ुशबुओं के ख़त पुराने।

फ़लक का इश्क़ जब परवान चढ़ता
परिन्दों को बुला लें आशियाने।

शाम घिर आयी तो उम्मीद जागी
वो आएगा चराग़ों को जलाने।

आज फिर अब्र[1] के घूँघट से साधे
शिकारी चाँद ने सौ सौ निशाने।

वक़्त के संग सभी अन्दाज बदले
बदल भी दे ये सदियों के बहाने।

चमकते गुहर[2] पे सबकी नज़र है
नसीबों में है किसके कौन जाने।

सोचता हूँ तेरी भीगी पलक पर
मैं रख दूँ धूप के मौसम सुहाने।

तेरी चाहत की चिनगारी रखी है।
हमारे फूस के हैं, आशियाने।

---

1. बादल, 2. मोती।

59

चमन देखा है तो फिर अहले चमन[1] भी देख ले
धूप में जलता हुआ गुंचा-दहन[2] भी देख ले।

सिर्फ चेहरे की कशिश[3] और ज़िस्म का जादू न देख
रूह ख़्वाहिशमंद[4] है तो उसका मन भी देख ले।

सारी दुनिया के मसाइल में उलझ कर रह गया
कोई रहबर से कहे—अपना वतन भी देख ले।

फ़सलफे[5] की कैद से बाहर निकल नक्क़ाद[6] ऐ
गूँगे लोगों का कभी तर्ज़े सुख़न भी[7] देख ले।

वो उजालों के लिए लड़ता रहा ताउम्र, अब
सुबह है तो रोशनी का बाँकपन[8] भी देख ले।

---

1. बाग के माली, 2. फूल से चेहरे वाला, 3. आकर्षण, 4. इच्छुक, 5. दर्शन, 6. समीक्षक, 7. बोलने का अन्दाज़, 8. सौन्दर्य।

60

लौटता फिर कहाँ है दिल जो कू-ए-यार[1] रहे
किसी के साथ रहे तेरे तलबगार रहे।

निशाते-वस्ल[2] हो या हिज्र[3] की अज़ीयत[4] हो
कोई भी बात चले पर तेरा शुमार[5] रहे।

तेरे पहलू में सुकूँ खोजते थे दीवाने
ये बात क्या हुई कि और बेकरार रहे।

रिन्द को मय तो मयस्सर है मगर मय से क्या
कदह बदस्त[6] वो आये अजब बहार रहे।

आँख दीवानी है हर लम्हा दर पे उठती है
नींद आ जाए तो ख़्वाबों में इन्तज़ार रहे।

तेरी कुर्बत[7] का मजा जाने-सुखन[8] तब आए
क़ैद-ए-वक़्त[9] न हो मौसम भी साज़गार[10] रहे।

फिर ये सोचा कि चलो रोज़ने-जिन्दां[11] खोलें।
तुम्हारी याद में कुछ दिन तो सोगवार[12] रहे।

प्यास के दश्तो-सहरा[13] हर कदम पे हैं या रब।
सफर तवील[14] है कोई तो आबशार रहे।

---

1. प्रेमिका की गली, 2. मिलन का आनन्द, 3. बिछोह, 4. यातना, 5. गिनती, 6. हाथ में प्याला लिये, 7. निकटता, 8. बात की जान, 9. समय की बंदिश, 10. अनुकूल, 11. क़ैदखाने की खिड़की, 12. शोकमग्न, 13. जंगल और रेगिस्तान, 14. विस्तृत।

61

राख में एक चिनगारी आतिश[1] करें।
आ कबीले से फिर से गुज़ारिश करें ॥

घर की तामीर[2] पूरी हुई भी नहीं।
लोग बेचैन हिज़रत[3] की ख़्वाहिश करें ॥

नक़्श[4] सब आहनी[5], बुत मगर मोम के।
धूप तीखी हो तो आज़माइश करें ॥

जलती धरती दुआ माँग कर थक गयी।
फर्ज है बादलों का कि बारिश करें ॥

तुम चरागों की मानिन्द पुरजोश[6] हो।
रोशनी से तुम्हारी सिफ़ारिश करें॥

बहकने वाले तो बज़्म से जा चुके।
अब सुराही लें हम पे नवाज़िश[7] करें ॥

---

1. आग, 2. निर्माण, 3. प्रवास, 4. छवि या चिह्न, 5. लोहे की, 6. उत्साह से पूर्ण, 7. अनुकम्पा।

62

घिरी घटाएँ, मोर दुहाई देते हैं।
बारिश के आसार दिखाई देते हैं ॥

शोहरत के रस्ते पर चल कर देख लिया।
शोहरत के रस्ते रुसवाई देते हैं ॥

जा कि महाज़े[1] - जंग तेरा रस्ता देखे।
ले कि अमन की इक शहनाई देते हैं॥

जाते हैं अब अँधियारे के खेमे में।
धूप के लश्कर, रोज सफ़ाई देते हैं॥

इंक़लाब[2] आये तो हम भी देखेंगे।
हंगामे तो रोज सुनाई देते हैं ॥

1. युद्ध का मैदान, 2. क्रान्ति (परिवर्तन)।

63

उमड़ती लहरों का सैलाब जिधर जाता है।
नदी के गाँव का हर शख़्स सिहर जाता है॥

बाँध पाते ही नहीं, उसको लफ़्ज के पैकर[1]।
वो है ख़ुशबू सा, हवाओं में बिखर जाता है ॥

रोशनी नन्हे चरागों के हवाले करके।
सूरज गुमनाम सी वादी में उतर जाता है ॥

सब्ज़ शाखों को लचकने का हुनर किसने दिया।
तेज तूफान भी आता है गुज़र जाता है ॥

अब कहाँ क़ाफिले के साथ साथ चलता है।
अपने रस्ते पे अलग मीरे-सफ़र[2] जाता है॥

जिसने आँखों में लिखी आसमान की चाहत।
ताइरे-फन[3] के वही पंख कतर जाता है ॥

उसका मिट्टी का वदन तासीर[4] मगर सोने की।
आतिशे ग़म[5] में जले और निखर जाता है ॥

1. आकार, 2. यात्रा नायक, 3. कला का पक्षी, 4. प्रभाव, 5. दुख की अग्नि।

64

मुद्दत के बाद जब मिला तो शर्मसार[1] था
को शख़्स जिसपे मेरा दिलो-जां निसार था।

तनहाई साथ थी तो हम ख़ामोश चल पड़े
ये और बात है कि तेरा इन्तज़ार था।

मक़तल[2] में आके जैसे सारे फ़र्क मिट गये
मुंसिफ़ भी क़ातिलों की भीड़ में शुमार था।

शायर को अपनी रोटियों की फिक्र थी, वरना
वादे-सबा[3] के नाम पर गर्दो-गुबार था।

असबाबे-सफ़र[4] से ही परेशां था काफिला
मीरे-सफ़र का खौफ़ भी सर पे सवार था।

1. लज्जित, 2. वधस्थल, 3. समीर, 4. यात्रा का सामान।

65

क़ैद में हैं और बाँहों में खुला आकाश है।
यह हमारा ही नहीं युग का विरोधाभास है।

ताज बदले पर वजीरों का वही कुनबा रहा
वक़्त के संग बदल जाने का उन्हें अभ्यास है।

जो कहानी ज़िस्म का भूगोल लगती है तुम्हें
फिर पढ़ो, इसमें तुम्हारी रूह का इतिहास है।

अजनबीपन, टूटी उम्मीदें और तनहाई शराब
ठीक है सब, बीच में लड़की मगर सायास है।

जानते हैं सब कि सोने का हिरन होता नहीं
भटकना है नियति फिर भी जब तलक बनवास है।

कह रहा हूँ गूँगे लोगों की व्यथा मैं दोस्तो
मैं जिस बस्ती में हूँ वो बहरी है ये अहसास है।

66

ये मन के दुख बदन संग भीग जाएँ
चलो कुछ देर बारिश में नहाएँ।

अभी रुत है, तो हम पे मेहरबां हैं
रुकीं किसके लिए काली घटाएँ।

तुम्हें मंजूर हो पतवार बनना
तो हम कागज की एक क़श्ती बनाएँ।

हटा परदा तो है स्तब्ध दर्शक
अनावृत हो गयीं नैतिक कथाएँ।

किसी दिन तुम्हें ये आभास होगा
मुक्ति में भी छिपी हैं वर्जनाएँ।

बहुत दुख सहे हैं हमने सफ़र में
चलो, पिछले सफ़र को भूल जाएँ।

नींद पलकों में आयी ही नहीं फिर
चाँद के पास थीं सोलह कलाएँ।

जैसे हर लहर आपस में जुड़ी है
नदी की धार जैसी यातनाएँ।

फूस की बस्तियाँ दहशतज़दा हैं
बात करती हैं शोलों से हवाएँ।

हवेली के दरो-दीवार चुप हैं
नींव से आ रहीं घुटती सदाएँ।

67

बर्गेखिज़ां[1] से फूल के रंगो-जमाल[2] तक
सदियों का सफ़र है अभी तेरे ख़याल तक

जो कह रहा था जी न पाएँगे तेरे बगैर
बिछड़ा तो उसके दिल में नहीं था मलाल तक।

अफ़सोस! परिन्दा ये कैसे बेबसी में है
जब भी उड़ा कफ़स से तो पहुँचा है जाल तक।

कशकोल[3] उसके हाथ का बस देखने को है
आता नहीं फ़कीर के लव पे सवाल[4] तक।

लड़ते हो अँधेरें से तुम जेबों में डाले हाथ
कोशिश करो, कि हाथ ये पहुँचे मशाल तक।

---

1. पतझड़ का पत्ता, 2. रंग एवं सौन्दर्य, 3. भिक्षा पात्र, 4. याचना।

68

धूप का साँवलापन सोचता हूँ
मैं छत पर चाँद पूरा देखता हूँ।

ज़ेहन में फैल जाती है उदासी
तुझे जब भी हिरासां देखता हूँ।

इसी मेले से मेरी रहगुज़र है
गुजरता हूँ, तमाशा देखता हूँ।

जमीं सरसब्ज़[1] है बारिश का मौसम
शज़र को फिर भी प्यासा देखता हूँ।

सुना जब से कि रहज़न काफिले में
मैं हर लम्हा असासा[2] देखता हूँ।

सुबह जगमग चमकते पोस्टरों पर
गली कूचे कुहासा देखता हूँ।

---

1. हरी-भरी, 2. पूँजी।

69

अमीरे-शहर[1] से जो भी सुना था
अलग उससे बहुत से वाक़या था।

बगूले उठ रहे थे गर्म लू के
न जाने क्यों बहुत सूरज खफ़ा था।

सलाखों से लड़े जख़्मी परों से
जुनूं परवाज़ का लेकिन जवां था।

वक़्त ही फ़ैसला देगा किसी दिन
कि हममें कौन आखिर बेवफ़ा था।

ज़िन्दगी! हम तेरे स्कूल के हैं
किताबों में न जाने क्या लिखा था।

मशालें पस्त हिम्मत हो गयी थी
अँधेरे का शहर में दबदबा था।

ज़ंग तो सरहदों पर हो रही थी
सुख़नवर[2] से ये पूछो, वो कहाँ था?

1. नगर प्रमुख, 2. लेखक।

70

बस हवेलियाँ हैं रोशन कोई कच्चा घर नहीं है
हम जिसके मुंतज़र थे ये वो सहर नहीं है।

करो मिन्नतें अदब से या हक़ की भीख माँगो
ये तरीका इस अहद में अब कारगर नहीं है।

बेचैन सी सदा सुन कहीं नींव हिल रही है
शफ्फ़ाक[1] गुम्बदों को फिर भी खबर नहीं है।

हम साथ साथ चलना भी चाहें तो गैर मुमकिन
जिस रास्ते पे तुम हो मेरी रहगुज़र नहीं है।

सारे मुसाफ़िरों के दुख एक जैसे देखे
जो दिल की आरजू है वही हमसफ़र नहीं है।

तेरा गुरूर अक्सर बस दिल ही तोड़ता है
ज़ोमें-हुनर[2] हमें भी मगर इस कदर नहीं है।

मौसम के ख़ौफ से हम रस्ते नहीं बदलते
भीगे हुए इन्सां को बारिश का डर नहीं है।

---

1. श्वेत, 2. कला का दर्प।

71

कहानी के हरेक क़िरदार[1] में ये मोड़ आना था
मेरा मकसद नहीं हरगिज़ तुम्हारा दिल दुखाना था।

तेरे दरबार की रौनक में दिल बिल्कुल नहीं लगता
सोचते रहते हैं अपना कहाँ पर आशियाना था।

ग़जब की लचक थी मौजूद उन सरसब्ज़[2] शाखों में
हवाएँ ज़ोम[3] पर थीं पर उन्हें ही हार जाना था।

खँडहर होते महलों ने कहा ऊँची हवेली से,
हमने भी अच्छे दिन देखे हैं अपना भी ज़माना था।

किसी नक्क़ाद[4] की मर्जी से फ़नपारे[5] नहीं बनते
हमें अपनी तरह से कैनवस तेरा सजाना था।

कभी ऐसा हुआ हमने कलम रख दी हक़ीकत में
किसी मज़लूम[6] का गिरता हुआ परचम उठाना था।

वो दिन थे जब किताबों में उजाले कैद रहते थे
सफ़र मुश्किल मगर उम्मीद का मौसम सुहाना था।

---

1. चरित्र, 2. हरी भरी, 3. शिखर (तीव्रतर), 4. समीक्षक, 5. कलाकृति, 6. शोषित।

72

साहिल[1] की चहल पहल भी वीरान हो गयी
कोई तो इक चराग़ जले शाम हो गयी।

नफरत से भरे शहर में था इश्क़ भी गुनाह
फिर यूँ हुआ मासूम वो बदनाम हो गयी।

ताज़िर[2] के दस्तरस[3] में आ गयी थी सब्ज़ शाख
रोता रहा दरख़्त वो नीलाम हो गयी।

तेरी गली है और खाली हाथ है फ़कीर
इक ज़िन्दगी थी, वो भी तेरे नाम हो गयी।

आईन[4] में लिखा था, जीत लेंगे भूख को
कोशिश तो नेक थी मगर नाक़ाम हो गयी।

चलता कहाँ है हुक्म परिन्दों पे किसी का
सूरज के डूबने की ख़बर आम हो गयी।

1. तट, 2. व्यवसायी, 3. हाथों की पहुँच, 4. संविधान।

73

अपना नसीब था कि तेरा फ़ैसला कहें
इन दूरियों को रास्तों का फ़ासला कहें।

इक भीड़ जिसको अपनी मंजिलें पता नहीं
मीरे-सफ़र[1] की ज़िद है उसे काफिला कहें।

जब दिल करीब थे तो रास्ते हसीन थे
अब वक़्त आ गया है तुझे अलविदा कहें।

तामील हो गया है हुक्म ख़ानकाह[2] में
सारे फ़कीर शाह को कल से ख़ुदा कहें।

अब रिन्द पर ही छोड़ दो ये बात शेख जी
वो किसको मय कहें और किसे मयक़दा कहें।

जब भी गया तो लौटने का कौल कर गया
उस शख़्स को अब किस तरह से अलविदा कहें।

उमड़ी हुई चनाब की लहरें शबाब पर
चाहत के इस जुनून को रब की रज़ा कहें।*

1. यात्रा नायक, 2. सूफी आश्रम, * पंजाब की एक प्रेम कथा से सम्बद्ध।

74

सच मैं भी कहूँ अपनी तरह गर रज़ा[1] मिले
मुसिफ़-ए-वक़्त[2] थोड़ा हमें रास्ता मिले।

कुछ गूँगे आँसुओं को शायरी में ढालना
संगीन जुर्म था, हमें इसकी सज़ा मिले।

कदमों तले बिछायें सितारे ज़मीन पर,
बच्चे के चेहरे से चाँद झाँकता मिले।

मक़तब[3] में गये शेख ने रुकने नहीं दिया
रिन्दों को, शाम ढल गयी है—मयक़दा मिले।

कह दे कि चमन आदी है ज़हरीले धुएँ का,
रस्ते में तुझे जो कहीं वादे सवा[4] मिले।

साँसों के धागे बुन रहा है एक जुलाहा,
वो दिन भी आये जब ग़ज़ल के सर रिदा[5] मिले।

तन्हाइयों की दूरी दर्ज़ संगे मील[6] पर
मुमकिन है हमें आगे कोई काफ़िला मिले।

1. सहमति, 2. समय का न्यायाधीश, 3. पाठशाला, 4. समीर, 5. चादर, 6. मील का पत्थर।

75

हर कोई इस फ़साने का किरदार[1] था
पूछ मत कौन किसका तलबगार था।

तेरी जुल्फ़ों की सरहद में जो भी गया
या तो मारा गया या गिरफ्तार था।

दूर से उसका लहजा लगे शबनमी
छू के देखा जो उसको तो अंगार था।

बिक गये जिन्स क्या ज़िस्म, फ़नकार[2] तक
हम जहाँ थे वहाँ सिर्फ बाज़ार था।

कौन करता सलीके से फिर परवरिश—
धूप की, जबकि सूरज ही बीमार था।

पीछे छूटे हुए लोग कहते हैं अब
ये ज़माना भी कुछ तेज रफ़्तार था।

हम ये समझे कि रहज़न[3] के हाथों लुटे
दिन में देखा, कबीले का सरदार था।

रात भर आँधियाँ भी सिसकती रहीं
जो शज़र इक गिरा वो समरदार[4] था।

ख़ानक़ाहों से रिश्ते बनाये रखे
हम फ़कीरों की किस्मत में दरबार था।

1. चरित्र, 2. कलाकार, 3. लुटेरा, 4. फलदार।

76

एक दिन उससे जब सामना हो गया
वक़्त मेरे लिए आईना हो गया।

ज़ख़्म खाकर के सूरज के घोड़े गिरे
धीरे-धीरे अँधेरा घना हो गया।

ग़म की बारिश में छत थी न कोई शज़र
चलो यूँ ही सही भीगना हो गया।

नफ़रतों की हवा क्या शहर में चली
इश्क़ पर तज़किरा[1] तक मना हो गया।

1. बातचीत (टिप्पणी)।

77

दुख समेटे हैं सारा[1] के दीवान सा
कौन गलियों में घूमे परेशान सा।

वो अपनी ज़रूरत को खुल के कहे
कुछ दिनों से वो मुझपे मेहरबान सा।

मेरे किस काम का गर फ़रिश्ता है तू
चाहिए मुझको किरदार इन्सान सा।

इक असासा[2] था मुझपे तेरी याद का
वो सहेजा गरीबों के ईमान सा।

छोटे बच्चों के हाथों में कशकोल दे
शाह ने कर दिया जैसे अहसान सा।

पीढ़ियाँ हो गयीं एक बूढ़ा शज़र
घर के आगे खड़ा है निग़हबान[3] सा।

कभी खुशबू के साये में लिपटा हुआ
कभी लगता वो बच्चे की मुस्कान सा।

1. कवयित्री सारा शगुफ़्ता, 2. पूँजी, 3. पहरेदार।

78

लाचार से मौसम का क़हर देखते रहे।
आँधी के बाद टूटे शज़र देखते रहे।

गैरों के दुख की आग उन्हें छू नहीं सकी
वे सिर्फ़ अपना दर्द-ए-ज़िग़र देखते रहे।

ताकत थी जिनपे धूप के सिक्के हड़प लिए।
हम लोग रोशनी का सफ़र देखते रहे।

अब कौन कटे हाथों पे आँसू गिरायेगा।
सब पत्थरों में बिखरा हुनर देखते रहे।

जब हादसा हुआ तो वो आईन खोलकर
उस जैसे हादसे की ख़बर देखते रहे।

वो लोग दुआ गिर गयी थी जिनके हाथ से
हम उनकी इबादत का असर देखते रहे।

खाली ही सही रखी थी जिस ओर सुराही।
सब रिन्द मैक़दे में उधर देखते रहे।

79

ख़त्म वनवास हो जाए न दुख की रात काली हो।
राम लौटें तो फिर मन की अयोध्या में दीवाली हो।

शाह कशकोल लेकर हाथ में जंगल चला जाए।
अगर दरबार में आया हर एक चेहरा सवाली हो।

पसीने से फसल सींची है जिसने हक़ भी उसका है।
बहुत मुमकिन है साहूकार का खाता ही जाली हो।

हवा परवाज़ के नग़मे सुनाती है चलो पूछे।
तुम्हारी भी रिहाई की कोई सूरत निकाली हो।

चाहता हूँ नज़र कर दूँ मगर मुमकिन नहीं होता
सुबह की नज़्म इक सूरज ने जो नाज़ों से पाली हो।

मिरे मौला तुझे सबकी ख़बर रहती मगर फिर भी
वहाँ कुछ ख़ार भी रख दे जहाँ फूलों की डाली हो।

किनारे पर खड़ा वटवृक्ष गौतम की तरह स्थिर।
नदी की धार चंचल सौम्य जैसे आम्रपाली हो।

80

रिहाई की कोई सूरत निकाले
कहीं पर क़ैद तो होंगे उजाले।

अपने ही बाजुओं पर कर भरोसा
किसे फुरसत तेरा परचम सँभाले।

गोकि नक्क़ाद[1] उनमें ढूँढता है
किताबों में कहाँ तेरे हवाले।

सुब्हो दम[2] ढूँढते फिरते हैं बच्चे
छिपाये कूड़े में किसने निवाले।

तरस जाए उम्र भर नींद को फिर
अगर ये ख़्वाब पलकों में सजा ले।

सरहदी ख़ेमे में मुस्तैद रहना
ग़ज़ल का इक वतन तेरे हवाले।

---

1. समीक्षक, 2. सुबह के समय।

81

मिल के मजदूरों, किसानों तक नहीं पहुँची,
रोशनी सबके मकानों तक नहीं पहुँची।

दिल की ये आवाज़ तुम तक तो पहुँचती है
क्या हुआ जो वो अज़ानों तक नहीं पहुँची।

ये पतंगें झूठ की ऊंची उड़ीं बेशक
एक भी सच की उड़ानों तक नहीं पहुँची।

कहीं जिन्दा पत्थरों में दब गयी होगी
मोम सी लड़की खदानों तक नहीं पहुँची।

पीढ़ियों चलता रहा करजा महाजन का
ख़बर साज़िश की ये दानों तक नहीं पहुँची।

हाँ, सरापा[1] हो गयी है भूख पत्थर सी
बात ये आईनाख़ानों[2] तक नहीं पहुँची।

हमने सहरा के सुलगते होठ चूमे थे
प्यास तब से इम्तहानों तक नहीं पहुँची।

बज़्म के हंगामों से बाहर निकल कर सोचना
ग़ज़ल कैसे बेज़बानों तक नहीं पहुँची।

---

1. सिर से पाँव तक, 2. शीशे के घर।

82

नदी में दिन का सोना गल गया है
दमकता हुआ सूरज ढल गया है।

जो पत्थर की दीवारों सा था, वो अब
दरीचे की तरह से खुल गया है।

ग़मे-जानां हो या दुनिया का दुख हो
हर इक दुख दूसरे से मिल गया है।

हवा झकझोरती है यूँ जुनूं में
तनावर शज़र जड़ तक हिल गया है।

ज़र्द पत्तों ने फिर मौसम से पूछा—
शाख पे क्या नया गुल खिल गया है।

चमन में तन कहाँ, ख़ुशबू छिपाये
कि उसका पैरहन तक जल गया है।

धूप में साँवला सा अक्स तेरा
चाँदनी की फ़िज़ा में मिल गया है।

83

लफ़्ज दर लफ़्ज हर कहन[1] में थी
तेरी ही बात फ़िक्रो-फ़न[2] में थी।

इश्क़ ज्यों सच से रू-ब-रू कर दे
शायरी भी इसी जतन में थी।

खो गये गुल के रंग-ओ-खुशबू
जब तिरी सल्तनत चमन में थी।

अनछुई सी हवस निकल आयी
एक आतिश[3] सी तन बदन में थी।

वक़्ते-रुख़सत[4] औ ऐसी ख़ामोशी
बात अश्क़ों के पैरहन[5] में थी।

ज़िस्म छू ले तो रूह जाग उठे
कैसी तासीर उस छुअन में थी।

फूल का ज़िस्म हो गयी मिट्टी
ऐसी ख़ुशबू मिरे वतन में थी।

---

1. बात करने का अन्दाज़, 2. विचार एवं कला, 3. आग, 4. विदा के समय, 5. परिधान।

84

साँसों की धुन पे कोई दिल का साज उठाये
हमने कुछ इस तरह से तेरे नाज़ उठाये।

दिल के इलाके में तेरी आमद थी कुछ ऐसी
इक फाख़्ता को जैसे कोई बाज उठाये।

गिरने के लिए जाल के दो दाने हैं बहुत
हरेक परिन्दे को बस परवाज़ उठाये।

कशकोल उठा हाथ में बोला फ़कीरे-वक़्त—
जो शाहे-वक़्त हो वो सर पे ताज उठाये।

किसने कहा है धूप का वारिस नहीं रहा
अब तो चराग बज़्म में आवाज उठाये।

मैं उसकी शान में अभी सजदे में हूँ, जिसने—
पलकों से चूम कर मिरे अल्फ़ाज़ उठाये।

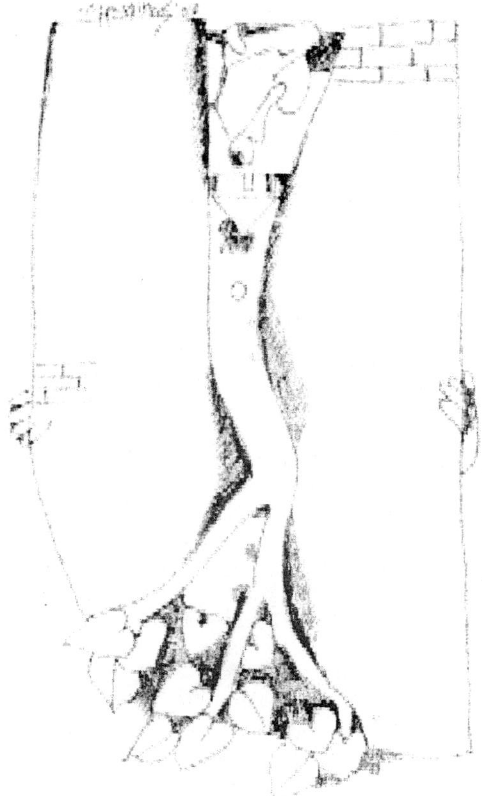

एक उदास किताब

रात ने दिल के आसमान में
चाँद की सुराही से
दो घूँट पिये और मुस्करा दी
अब सितारों की उदास किताब को
कहाँ से पढ़ना शुरू करे?
वहाँ से, जहाँ तुमने
एक किरन रख दी थी
या वहाँ से
जहाँ हर्फ़ संगेमील[1] बन गये हैं
और उन पर
कोई इबारत[2] नहीं लिखी है...।

1. मील का पत्थर, 2. लिखावट।

आग का सफ़र

लोहार की भट्ठी में
आग अलग तरह की होती है
आग लोहे का रंग लहू सा कर देती है
लोहार की बेटी
सधी आँखों से देखती है
निहाई पर पड़ा लोहा
लोहे और चोट के बीच
एक साँस का फ़ासला होता है
फड़क उठती हैं बाँहों की मछलियाँ
साँस की लय पर चलता है
भारी घन...दनादन
पसीने की बूँद छन्न से गिरती है
और भाप हो जाती है
लोहार की भट्ठी से उसके चूल्हे तक
आग सफ़र करती है।

तुम

तलाश करते
तो कोई मिल जाता
तुम्हारे जैसा
लेकिन वह तुम नहीं होते
ज़िस्म लिबास[1] की माँग करता रहा
फिर भी रूह तुम्हें लिबास कहने को
राजी नहीं थी
इस कशमकश[2] में
तनहाई दिल के आँगन में
आकर बैठ गयी।

1. परिधान, 2. अन्तर्द्वन्द्व।

इन्तज़ार

मेरी साँस साँस नज़्म हो जाए
तो उसे तेरी नज़्र[1] कर दूँ
फिर शोहरत की गली से
बाहर निकल जाऊँ
अहसास का बोझ उठाते उठाते
लफ़्ज कुली हो गये हैं
अब अपने बिल्ले से तौबा
करते हैं
दुःख की ट्रेन
धड़धड़ाती हुई आती है
बेख़्वाब[2] मुसाफ़िर आँखें
चौंक चौंक जाती हैं
रात गुजरने का बेसब्री से
इन्तज़ार करती हैं।

---

1. समर्पित, 2. जागी हुई।

आधा चाँद

शायरी में
पूरे खिले चाँद को
तेरा चेहरा कहते थे
तो आधे चाँद को
हम क्या कहते?
हमने उसे आधी रोटी कह दिया...
नक्क़ाद[1] हैरान है
अब तेरे गालों की चमक
गंदुम[2] की पकी बालों के सोने से
रश्क[3] करती है...

1. आलोचक, 2. गेहूँ, 3. प्रतिद्वन्द्विता।

एक सुबह

भरी दोपहर में
एक सुबह को उदास देख लिया
कविता की एक सतर[1]
टूट कर गिर गयी
सोचा...
ओस से नहाया एक फूल
उसके जूड़े में टाँक दूँ
हँसी की धूप का टुकड़ा
उसके होठों पर रख दूँ
आबशारों[2] से कहूँ...
उसके पाँवों में लय भर दें
हौसले को पंख दे दूँ
तो आसमान
उसकी आँखों में सिमट आये।

---

1. पंक्ति, 2. झरना।

सफ़र

सुबह ने
गुलाब की शाख से
एक काँटा तोड़ा
और किरन के धागे से
अपना कुरता तुरप लिया।

सूरज ने चोर आँखों से
एक पल देखा
और ऐंड़ लगाकर
लम्बे सफ़र पर निकल गया
सच कहना
क्या अब भी वक़्त का हिसाब
अँगुलियों से लगाते हो?

रोटी का गीत

भूख शदीद[1] थी
उसने कई रंग बदले

शायर ने रोटी पर गीत लिखा
और उसे बहलाना चाहा
लेकिन रोटी
चाँद में बदल गयी
और पहुँच से दूर हो गयी
रोटी का गीत माशूक के
हुस्न में बदल गया
उसकी शान में
इतने कसीदे[2] पढ़े गये
कि जमीन आसमान एक हो गये।

अब भूखे लोग
रोटी का सवाल चाँद से करते हैं
चाँद पहुँच से दूर लेकिन शर्मिन्दा
बादलों में
मुँह छिपाता है।

1. तीव्र, 2. प्रशस्ति।

वक़्त की बर्फ़

चाँदनी
सेज की सिलवट
दुरुस्त करती है
चाँद आवारा है
गलियों में घूमता होगा
बहुत सी खिड़कियों पे
रोशनी हुई मद्धम
खिंच गये परदे
उदास रात के कमरे में
कैसी खामोशी
दिल की पाज़ेब
थम गयी जैसे
वक़्त की बर्फ़ जम गयी जैसे...।

ख़्वाहिश

तुझको किससे माँग लूँ
तुझको कैसे माँग लूँ
अपने होने की खुशी में खिलते हैं फूल
अपनी रौ में चमकते हैं
सितारे
हवा
अपनी धुन में बहती है
तुम्हें माँगने से
तुम्हारी कैद शुरू होती है
परिन्दे कैद में हों तो
आसमान उदास होता है
और सुबह का गीत
सूरज के आने की
गवाही नहीं देता...।

किरदार

तुम्हारी कविता की उदास चिड़िया
शब्दों की सलाख तोड़कर
निकल गयी
अब सरसब्ज़[1] दरख़्त की शाख पर
बैठी हैं
जिसकी जड़ें ज़मीन में हैं

रोती हँसती तुम्हारे रिमोट से
वह बेबस लड़की जो
तुम्हारे हर अफ़साने में
धान की तरह रोप दी जाती थी
ताकि अफ़सानों[2] के किरदार[3] हरे भरे रहें
अपने बेज़ा इस्तेमाल से तंग आ गयी
और हिज़रत[4] कर गयी है
अख़बार कहते हैं
बेबस लड़की ने
ट्रेन के आगे खुदकुशी कर ली
उसका चेहरा
पहचान में आने लायक नहीं था
तुम जिसकी मदद से अफ़साना बनाते थे
वह ऐसा किरदार बन गयी है
जिसे तुम प्लॉट में
नहीं बाँध सकते।

---

1. हरे भरे, 2. कहानी, 3. चरित्र, 4. प्रवास पर जाना।

नक्क़ाद[1] का सच
आधा सच होता है
वह कागज़ से लफ़्जों की स्याही हटाकर
उसे बेदाग करता है
फलसफ़े[2] की कैंची से गोल काटकर
उसे चाँद कह देता है
सिर्फ चमकते लफ़्जों से
ज़िन्दगी के दर्द की
तसवीर नहीं बनती
जिन्दगी का दर्द ही लफ़्जों में
बदल जाए
तो बात और हो...

---

1. आलोचक, 2. दर्शन।

पुकार

खिली धूप
तुझको इशारा करेगी
किसी बच्चे के सुर में
हवा रास्ते में
पुकारा करेगी।

अभी देहरी पर दिया
जल रहा है
नीले फ़लक[1] में
अभी चाँद पूरा है
और खिल रहा है
आँख मेरी अभी जागती है
तेरा अक्स[2] फिर-फिर
निहारा करेगी।

---

1. आकाश, 2. छवि।

मौसम

सूरज तपा
तो हर किरन अंगार बन गयी
प्यास सब्र[1] के घर से
नंगे पाँव बाहर निकल आयी
दरख़्त की छाँव तक
कोई रास्ता नहीं जाता था
बादल के टुकड़े
सबके सरों पर एक साथ
चादर कैसे तानते

प्यासी जमीन
होठों पर शरारे[2] लिए
बारिश की दुआ करती रही
सब्ज़[3] पौधे पीले होने से पहले ही
सफ़ेद हो गये
वादे-सवा[4] अपने दोश[5] पर
शर्त का बोझ लादे
हाँफती रही
नदी सूख गयी तो
परिन्दों ने आशियानों[6] से कहा
अगले मौसम में जब
शाख पर नयी कोंपल फूटे
इन्तज़ार करना

---

1. धैर्य, 2. अंगारे, 3. हरे, 4. समीर, 5. कन्धा, 6. नीड़।

और नामालूम[1] इलाकों में
उड़ गये...।

जब बारिश ने दस्तक दी
हम उसके इस्तक़बाल[2] की
तैयारी कर रहे थे
उसने इतने जोर शोर से
अपनी आमद[3] दर्ज की
कि कच्चे घर की छत
टपकने लगी
हम आधी रात में
छत के सूराख बन्द करते थे
फिर कच्चे घर के
गिरने का अन्देशा...
नींद नहीं आनी थी
हमारी सरगोशी[4]
बारिश और हवा की चीखों के सामने
पस्त[5] थी

मौसम सर्द था
तो लिबास ने मायूसी से कहा
हम तो इन्सान की अस्मत बचाने में ही तार तार हो गये
यह बर्फीली हवा का लश्कर[6]
कहाँ से आता है
शर्मिन्दा सूरज ने कोहरे की चादर ओढ़ ली
और कई दिन घर से नहीं निकला
हरे पेड़ो ने जलने से इनकार किया
मगर लोगों ने इन्सानियत का वास्ता देकर
उनसे शहादत[7] माँग ली।
यह तूने कैसे मौसम दिए

---
1. अज्ञात, 2. स्वागत, 3. आगमन, 4. कानाफूसी, 5. पराजित, 6. सेना, 7. बलिदान।

कि हम उन्हें जीना शुरू करते
तो अज़ाब[1] शुरू होता
नया मौसम
ठीक से कदम भी न रख पाता
कि उसके जाने की दुआ करने लगते
यह मौसम के भेस में
किसके ग़म आते हैं
कि सजा और सख़्त होती है...

1. यातना।

जागते हुए

आतिशदान[1] में लपट तेज थी
हमें एक दूसरे के चेहरे
साफ नज़र आते थे
शोलों की चमक मद्धम हुई
लेकिन सर्द रात अभी बाकी थी
हमनें बातों का सिरा वहाँ से पकड़ा
जहाँ अच्छे दिन
सितारों की मानिंद टँके थे
बात गोल रास्ते पर चल रही थी
लौटकर फिर वहीं आ जाती।

1. आग जलाने का स्थान (पात्र)।

ख़्वाब के बिखरे हुए इन काग़ज़ों पर

ख़्वाब के
बिखरे हुए इन काग़ज़ों पर
याद तेरी
एक कुँवारी नज़्म जैसी है।

धूप...
सूरज की वही
नाज़ से पाली हुई बेटी
किरन के धागे बँधी
आसमां की देहरी को
पार करती है।
हवा पानी और मिट्टी से
इश्क़ का
इज़हार करती है...।

सोच के जगमग सितारे
सच की जलती धूप में तपकर
हर्फ़ जैसे स्याह लगते हैं
चाँदनी के कैनवस में
सौ अँधेरे बेबस सिसकते हैं।

ज़हर पीकर भी
मयक़दे के गीत गाते हैं
हम जो शायर हैं

तेरी यादों की
कुँवारी नज़्म की
अस्मत बचाते हैं
मगर खुद टूट जाते हैं।

उससे

हम नहीं जानते
शायरी तुम्हारे लिए क्या है?
हमारे लिए वह साँस
लेने का जरिया थी
वहीं रखते थे हम अश्कों[1] के मोती
जब कुछ नहीं था
लफ़्जों के चमकदार सिक्के
हमारी जेबों में खनकते थे
सोच की अलगनी पर
सूखते रहते थे
हमारे दुखों के पैरहन[2]...।
खुद को बहुत खर्च करने के बाद
हम कुछ लफ़्ज कमाते थे।

मैं तुम्हारे साथ होता हूँ
फिर भी नहीं होता हूँ
तुम्हें कैसा लगेगा
अगर मैं कहूँ
उसका इश्क़ मेरे लहू में दौड़ता है
मैं उसके साथ ही
मुकम्मल[3] होता हूँ।

1. आँसू, 2. वस्त्र, 3. सम्पूर्ण।

इन्हीं राहों में कोई मोड़ आएगा...

महज़ जंज़ीर दीवारें...
नजर के सामने हैं
पसीना...आँसुओं की जंग
फिर फिर हार जाते हैं
मगर इन्सान की
आँखों का वो सपना नहीं मरता
ख़्वाहिशों की चमक
मद्धम कहाँ पड़ती
दर्द ख़ामोशियों के
पैरहन में है
तो उसको चीख बनने दे
कभी तो लब खुलेंगे...

ज़िन्दगी भी
दरख़्तों की तरह है
लचकती सब्ज़ शाखें
आसमां को चूम लेती हैं
जड़ें पाताल तक फैली हुईं जिसकी
सोख लेती हैं बूँदें सुख दुखों की
कहाँ मिट्टी है पुरनम
कहाँ पर रेत उड़ती है
बादलों को हमेशा ध्यान रहता है
कोई सरसब्ज़ शाखें
काट कर समझे

चमन से मिट गये हैं
निशां सब ख़ुशबुओं के
कोंपलें आते जाते मौसमों की
हर सदा
पहचान लेती हैं...
इन्हीं शाखों पे
कल तुम देख लेना
महकते गुल खिलेंगे...

अभी तो...
सफ़र की गर्द है तन पे
मन में उदासी है
इसी सहरा में
कितने आबशारों की कहानी है
अभी तक रूह प्यासी है
मुसाफ़िर तय नहीं करते
कहाँ तक साथ चलना है
ऐसे फ़ैसले तो
रास्तों के हाथ होते हैं

मगर फिर भी
हमारे दिल की बस्ती में
तुम्हारा इश्क़ रोशन है
चरागों सा...
इन्हीं राहों में कोई मोड़ आएगा
जहाँ हम फिर मिलेंगे...